El Mundo de los

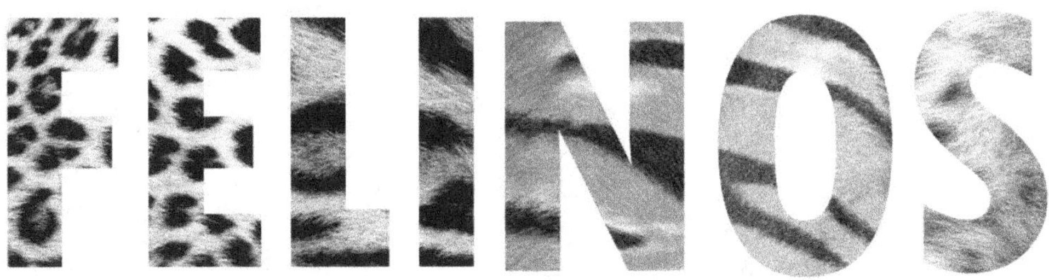

FELINOS

SALVADOR VILLEGAS BOTERO

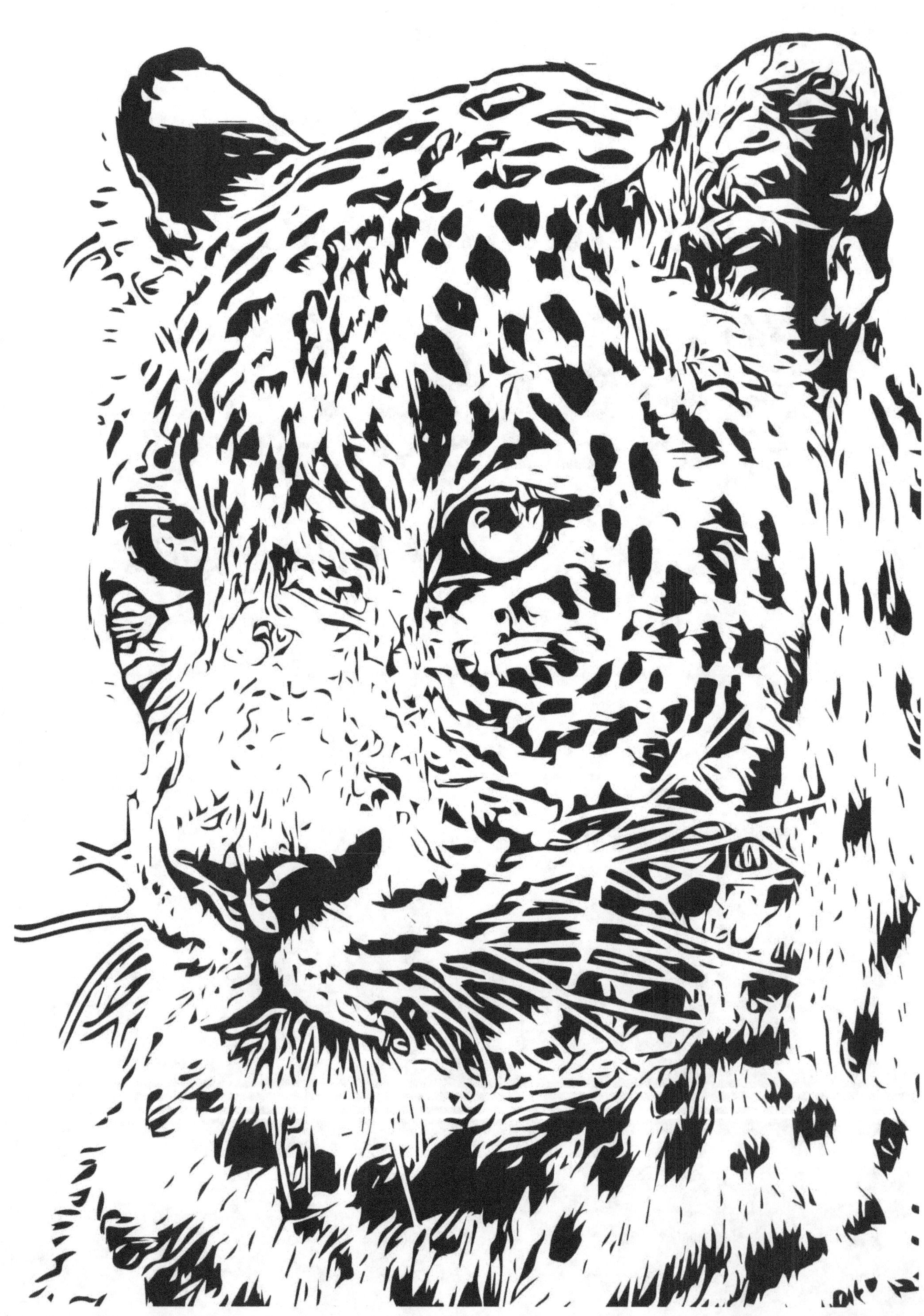

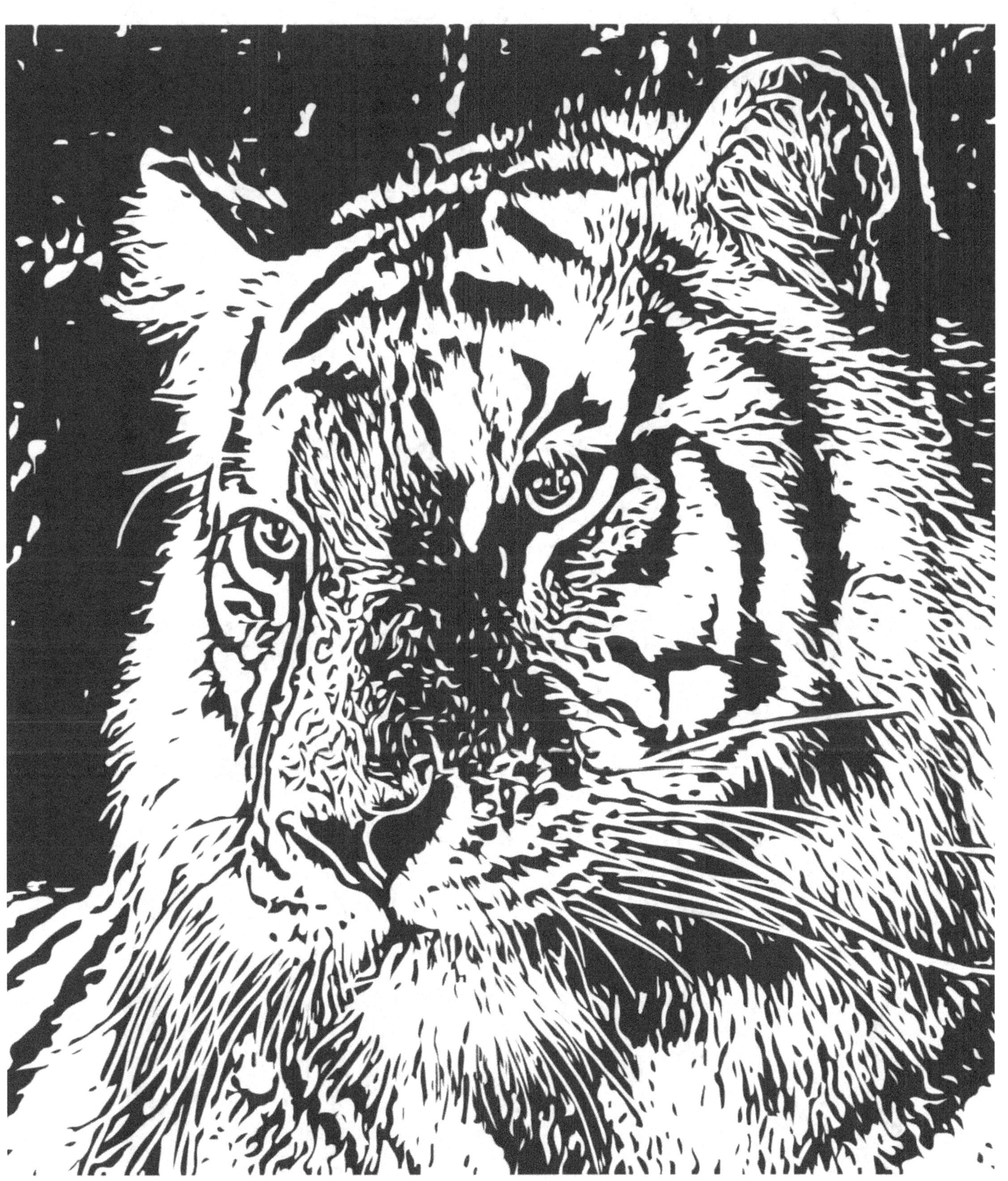

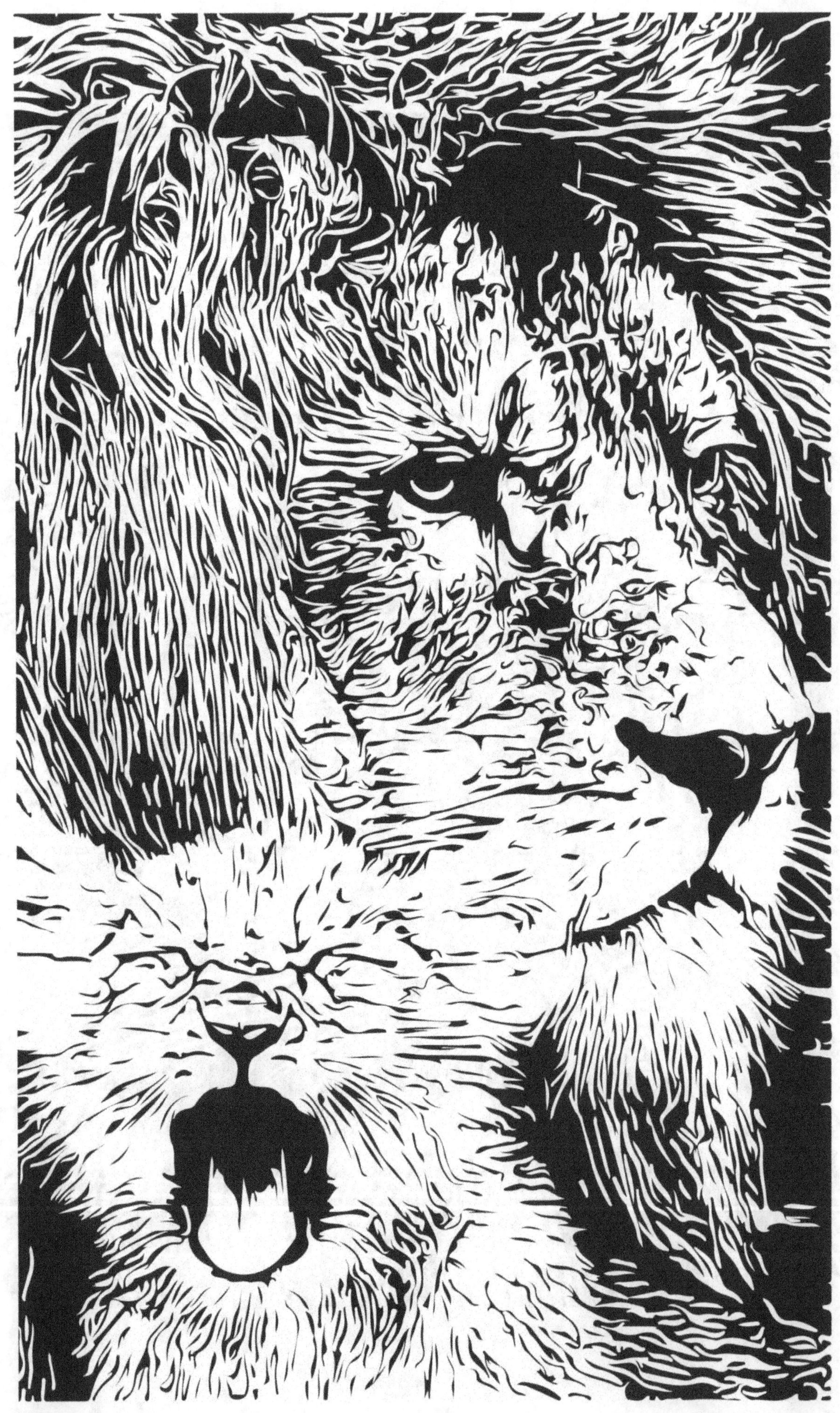

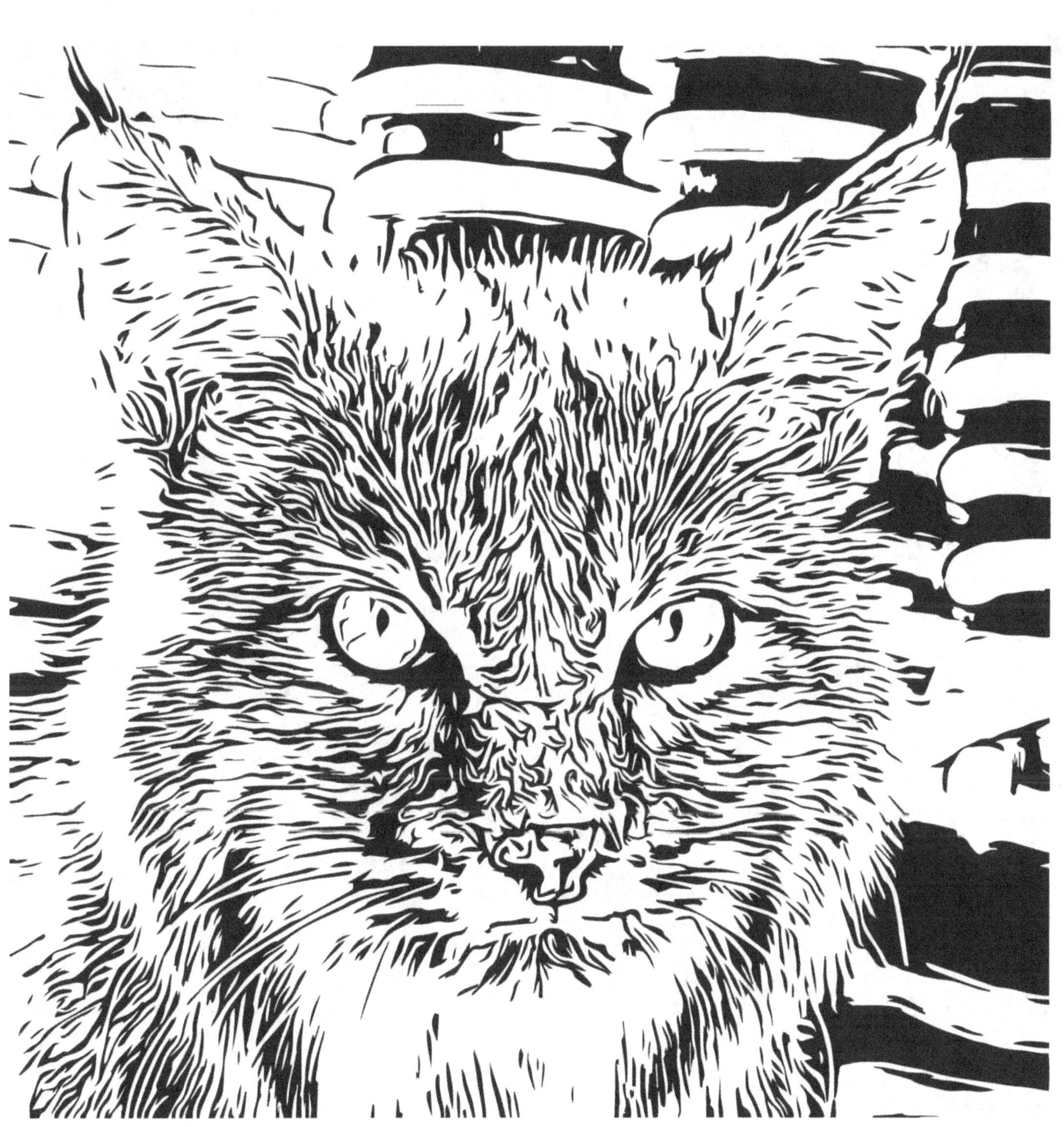

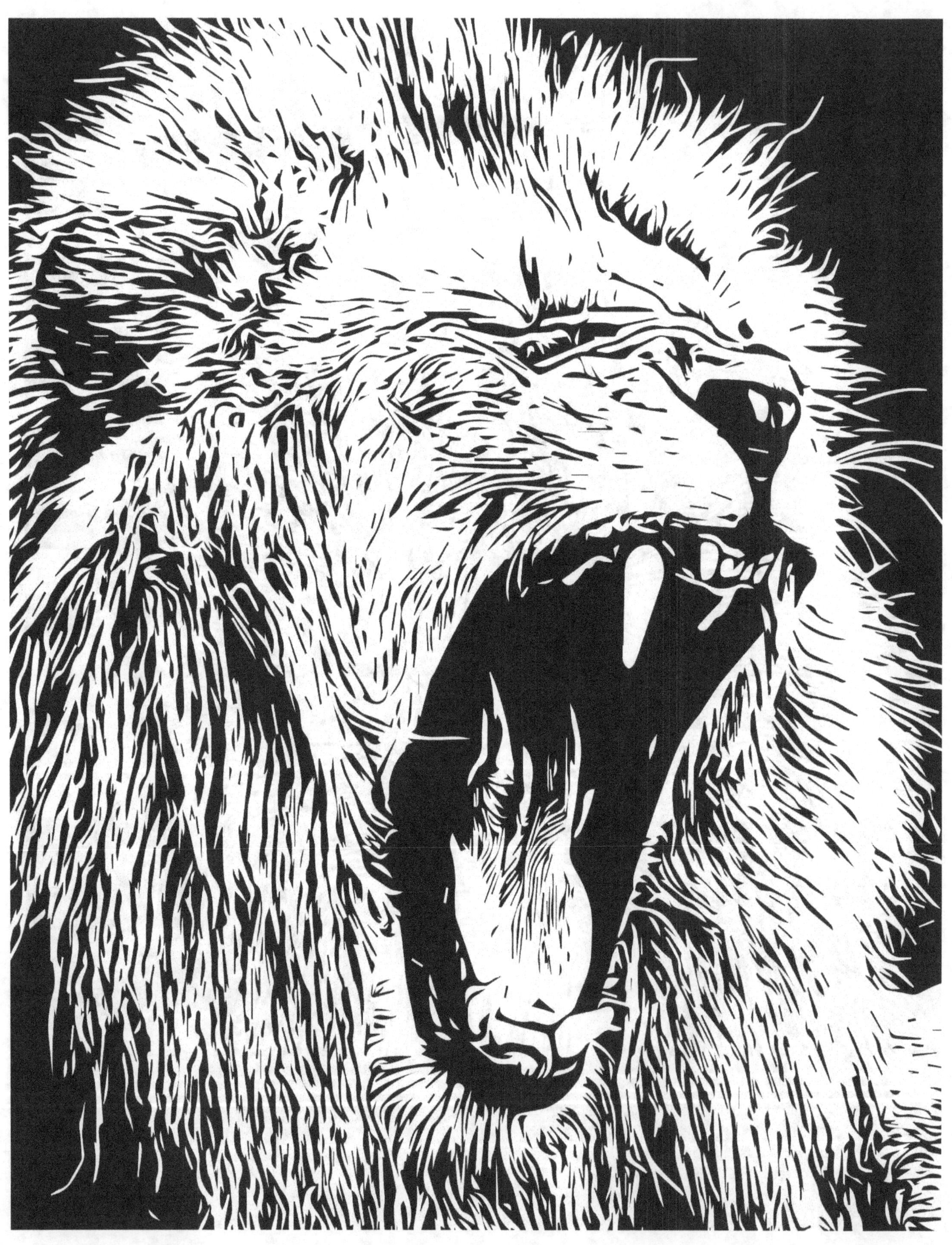

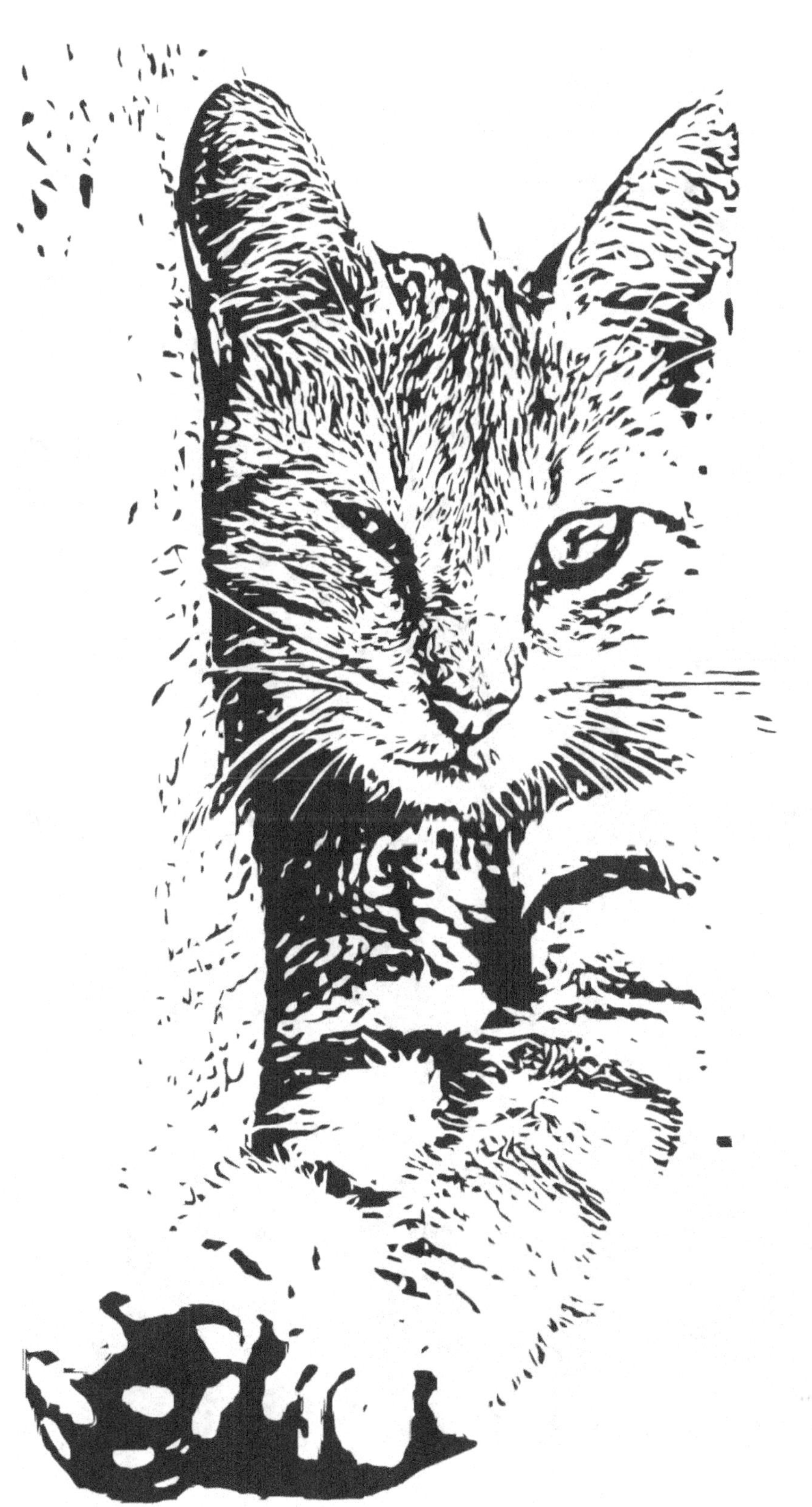

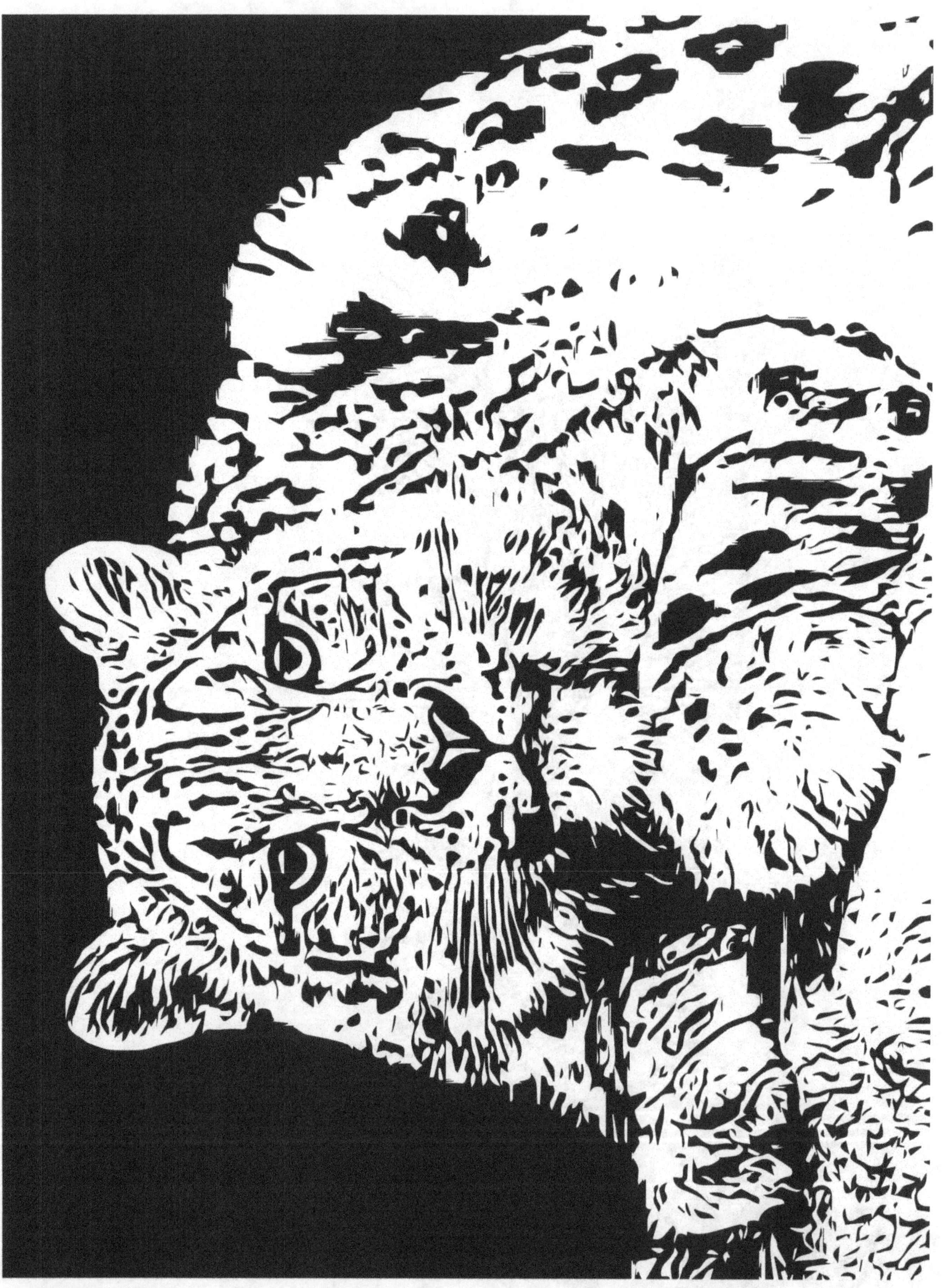

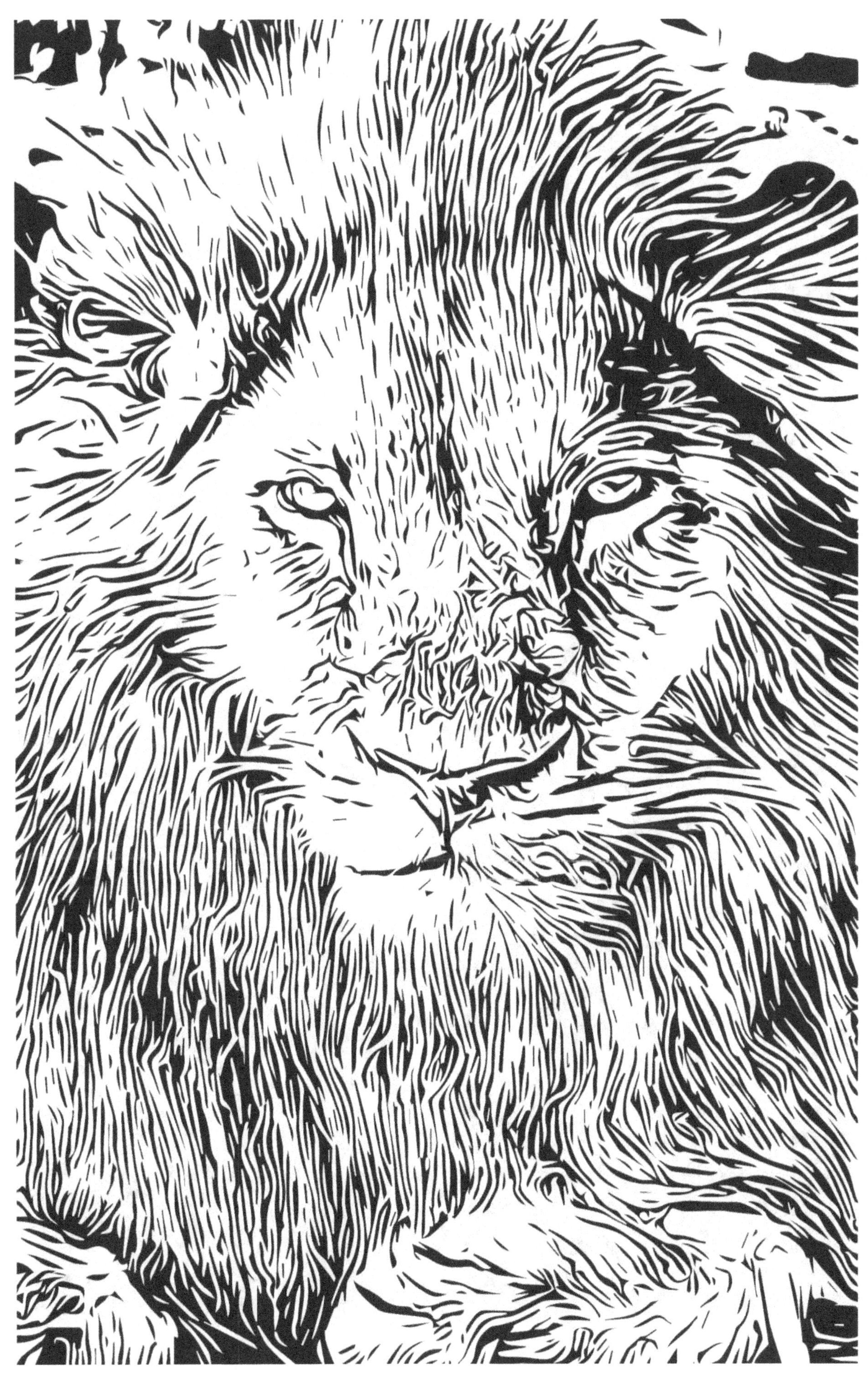

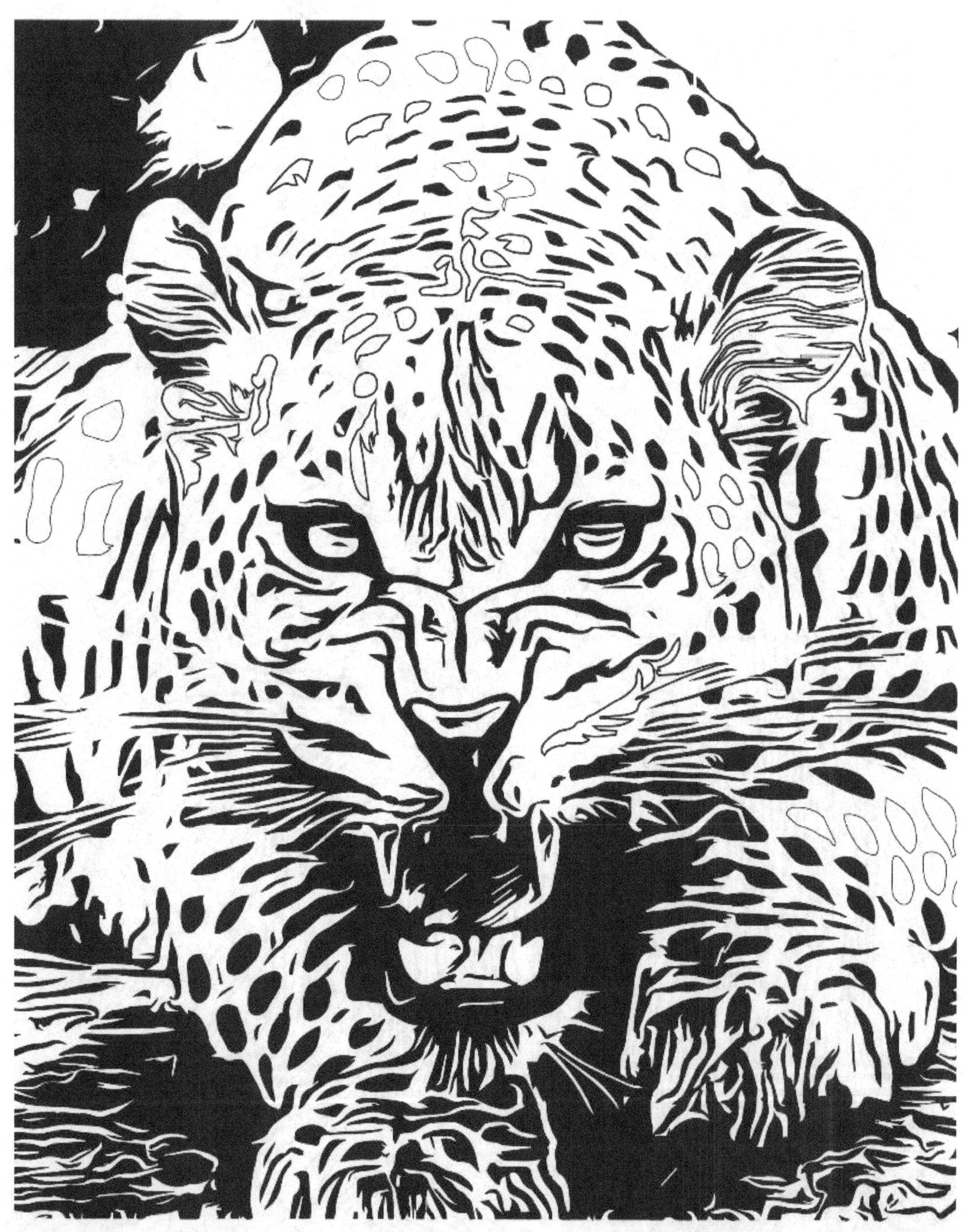

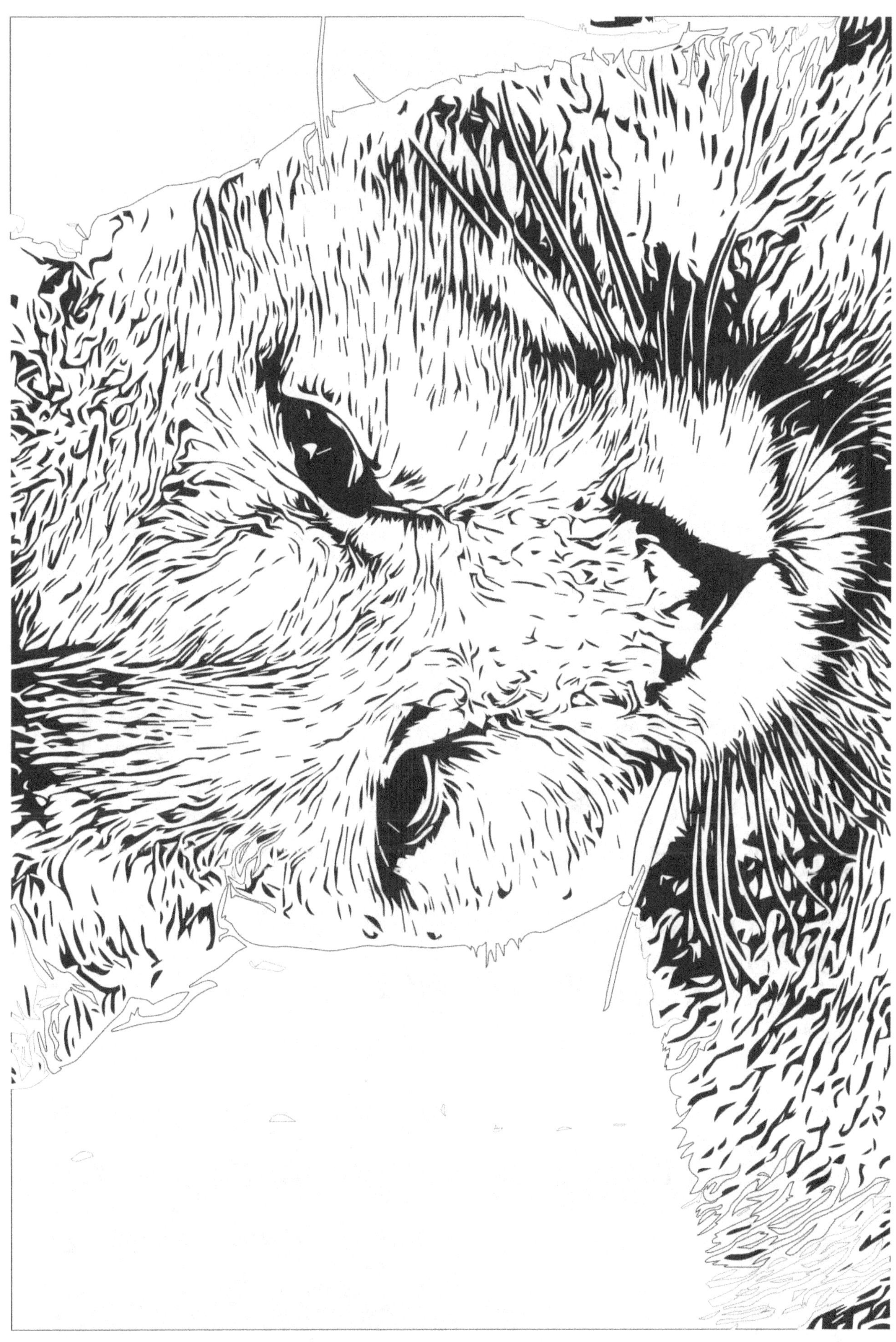

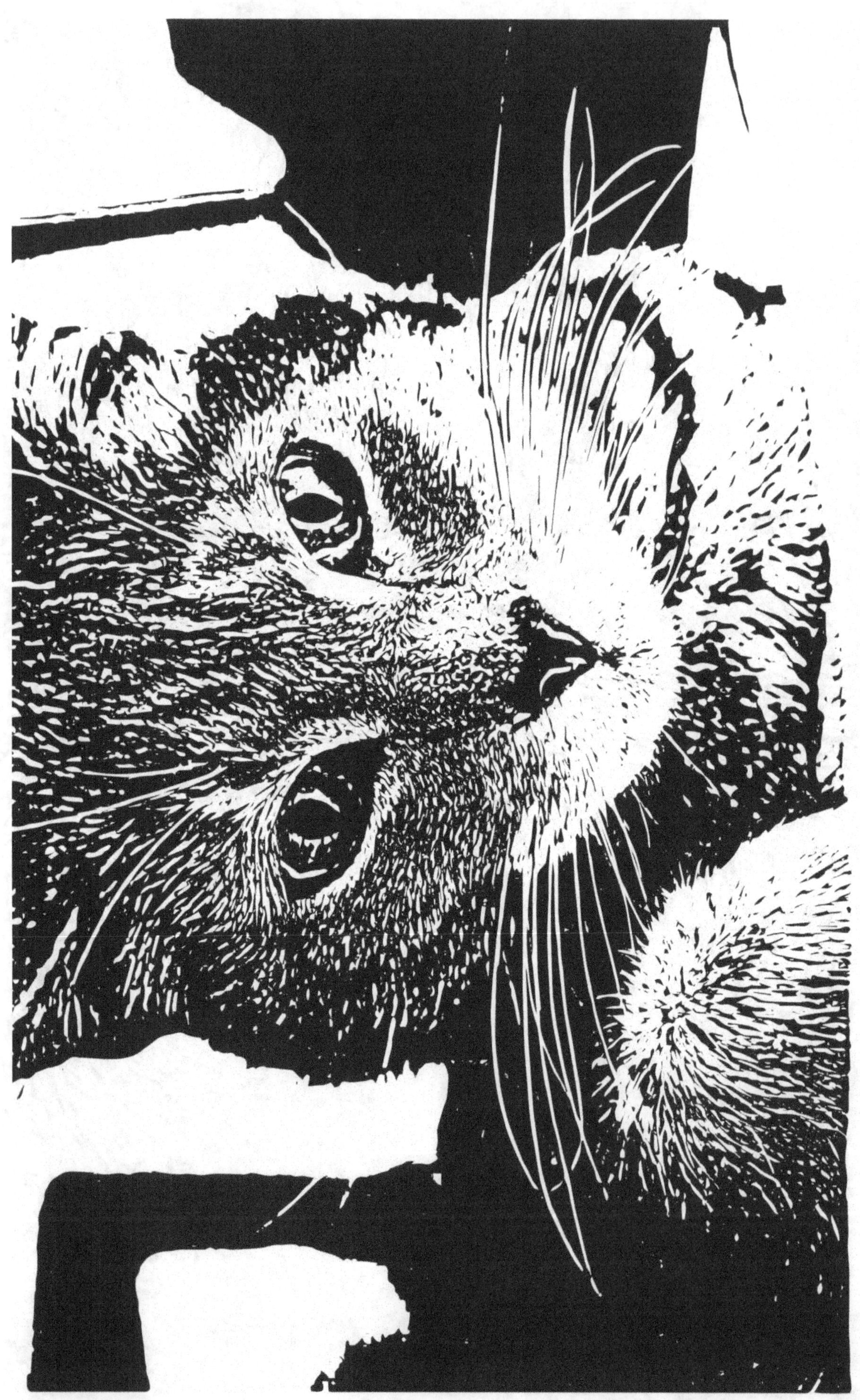

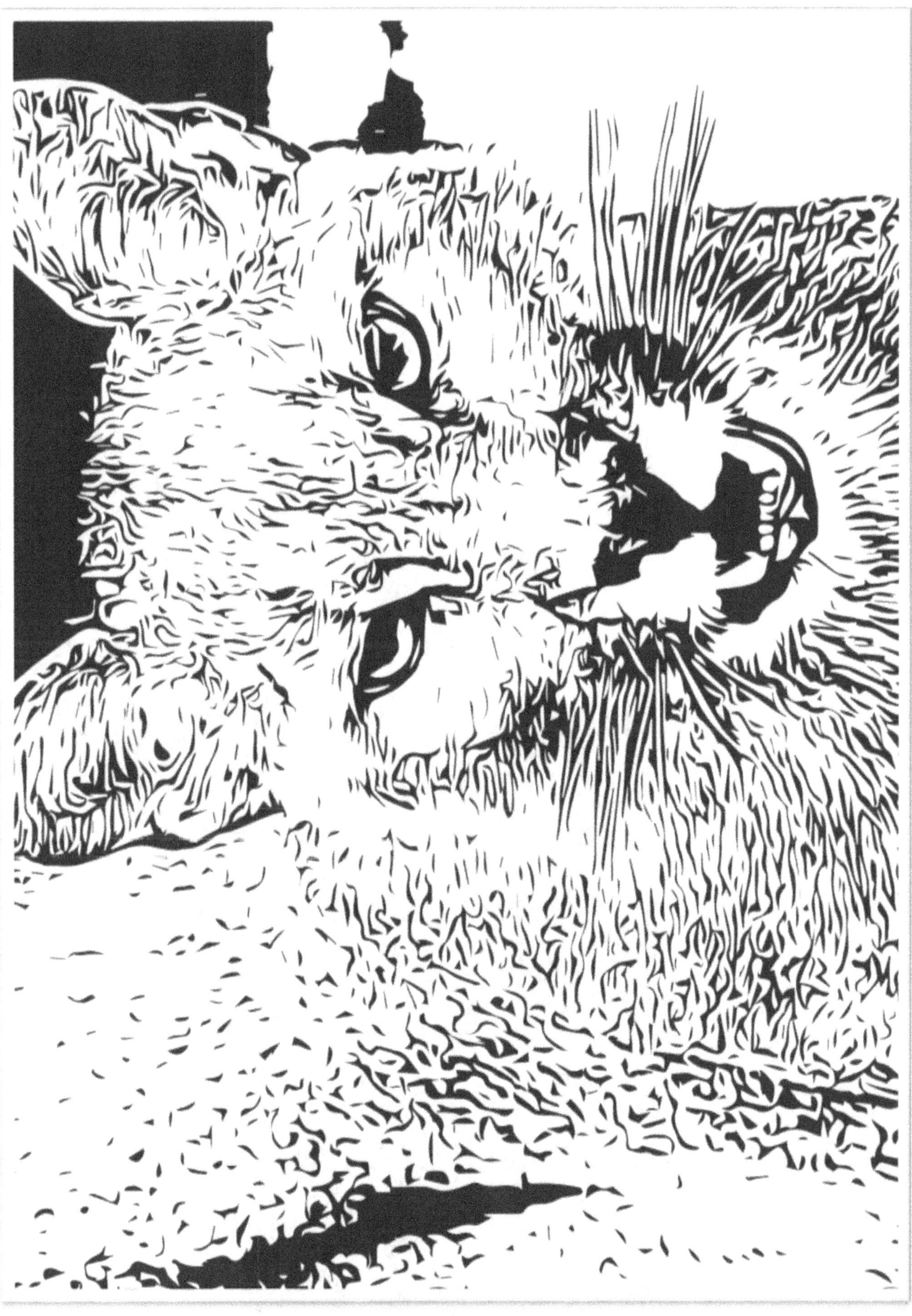

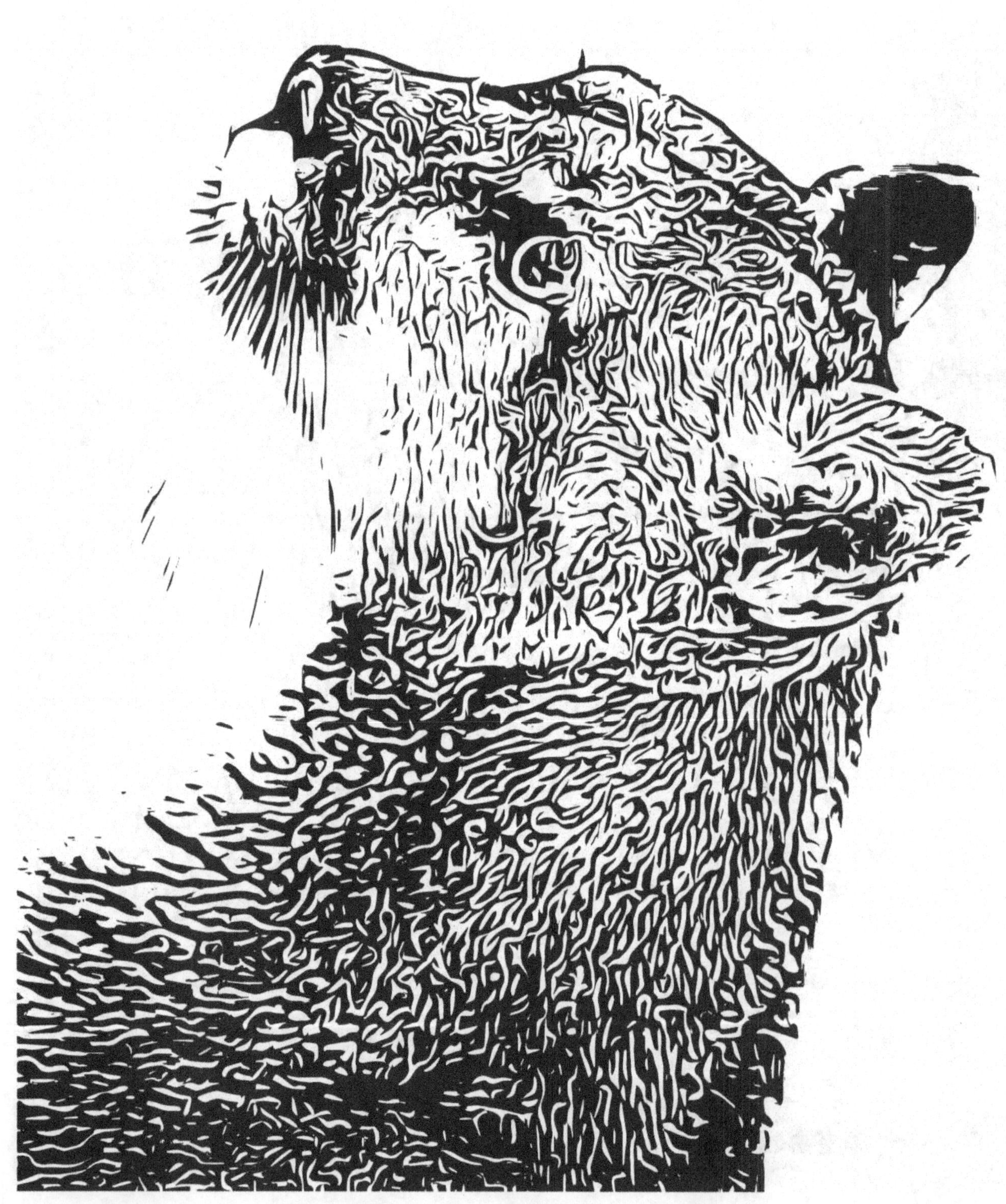

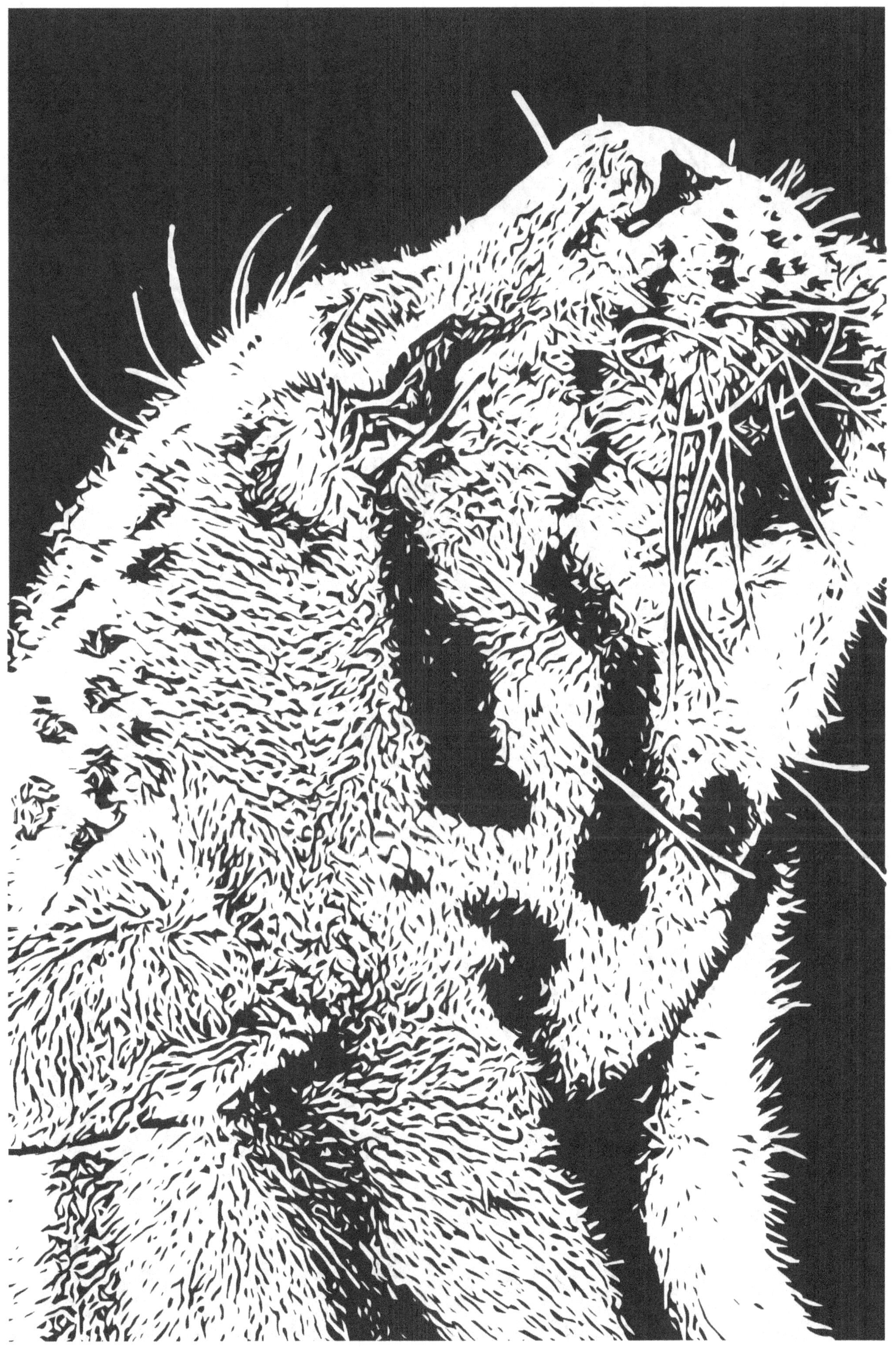

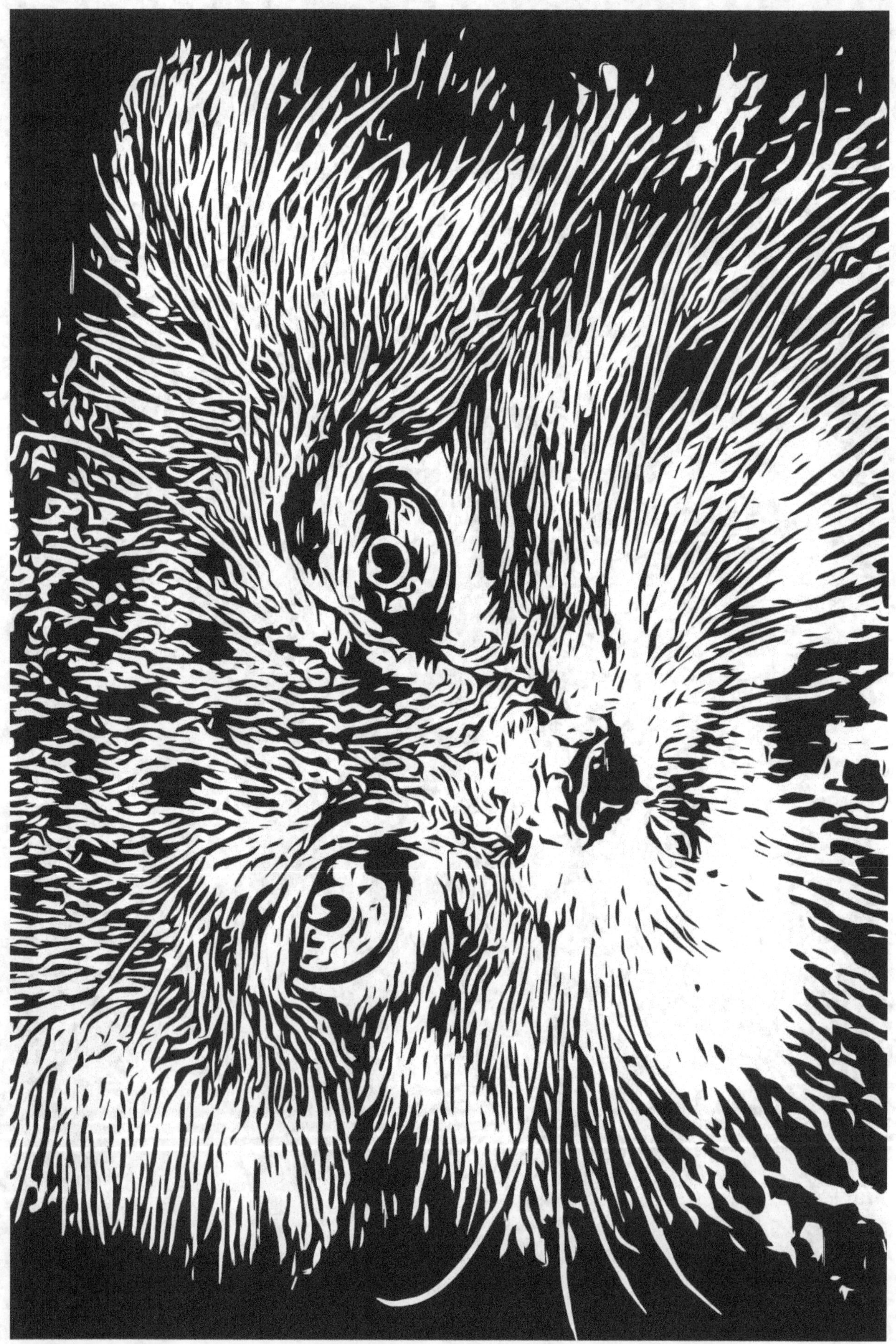

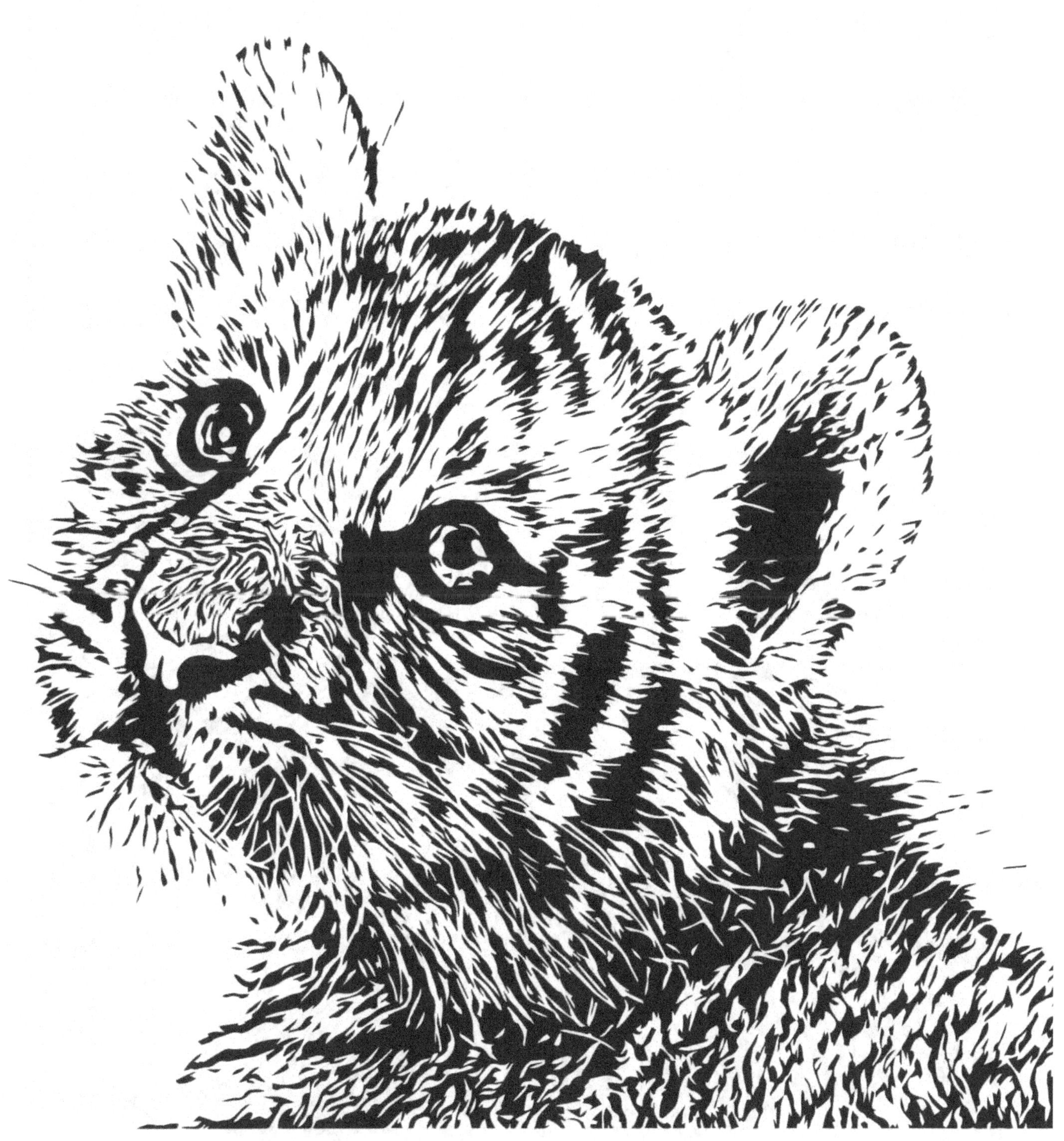

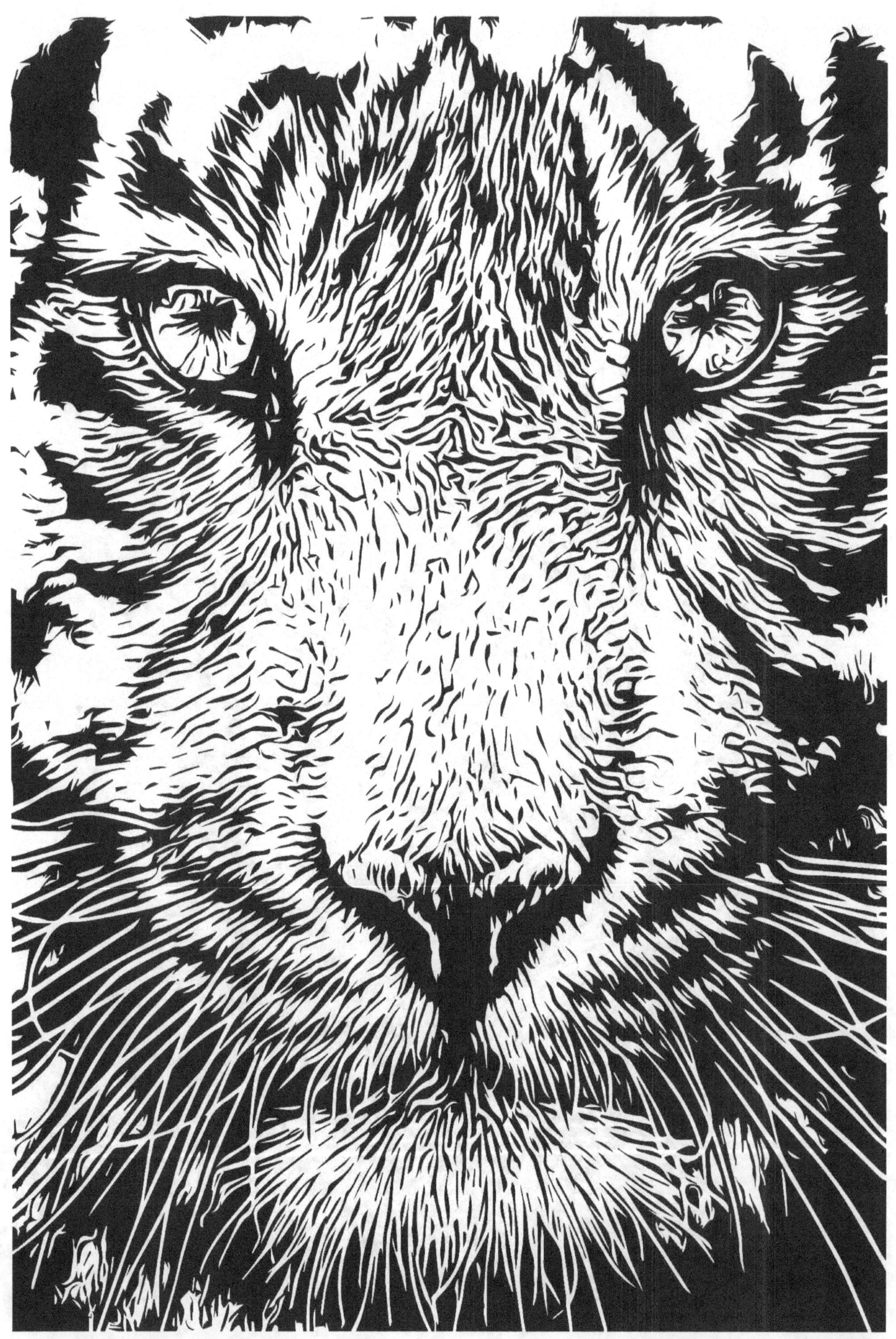

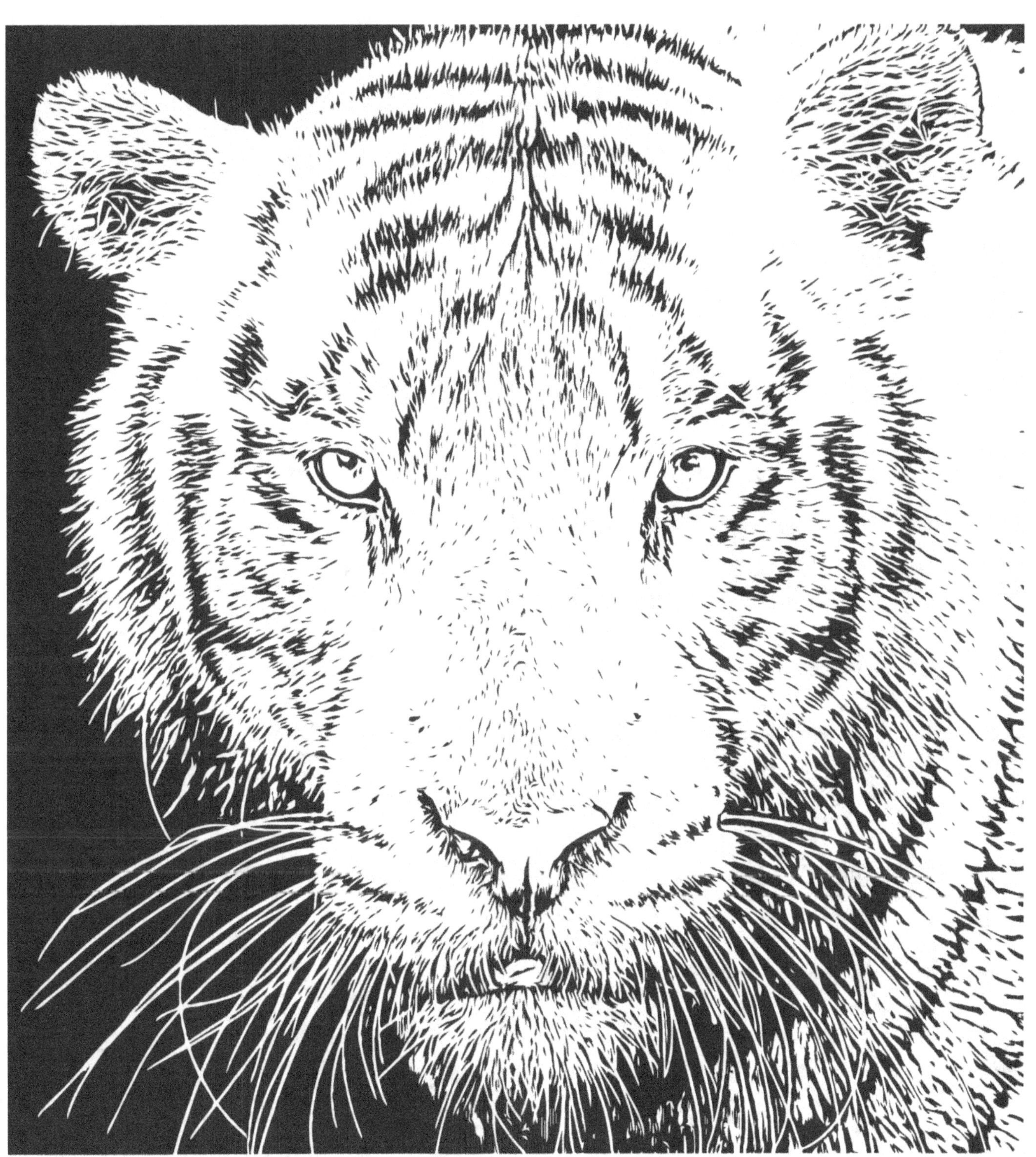

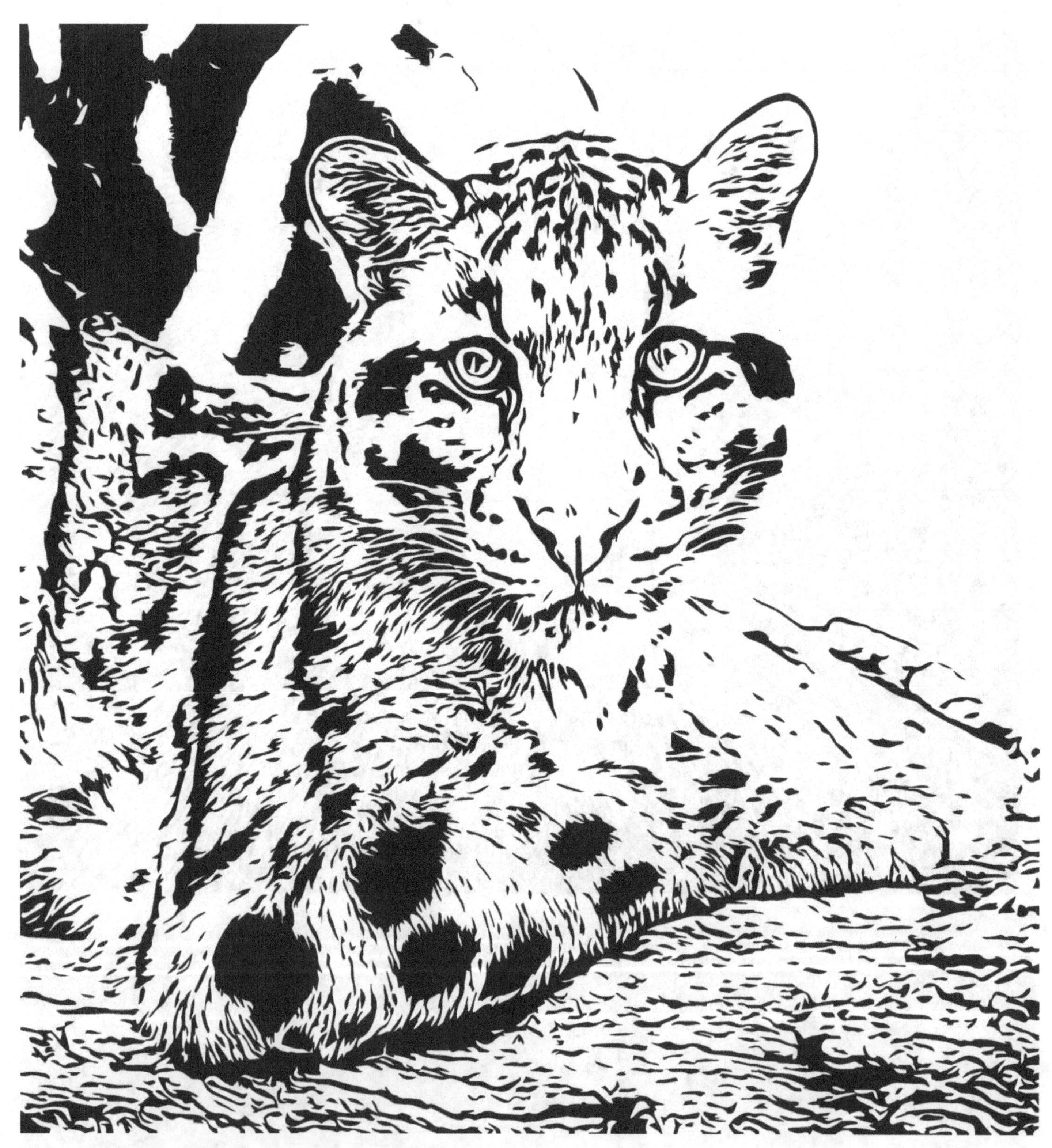

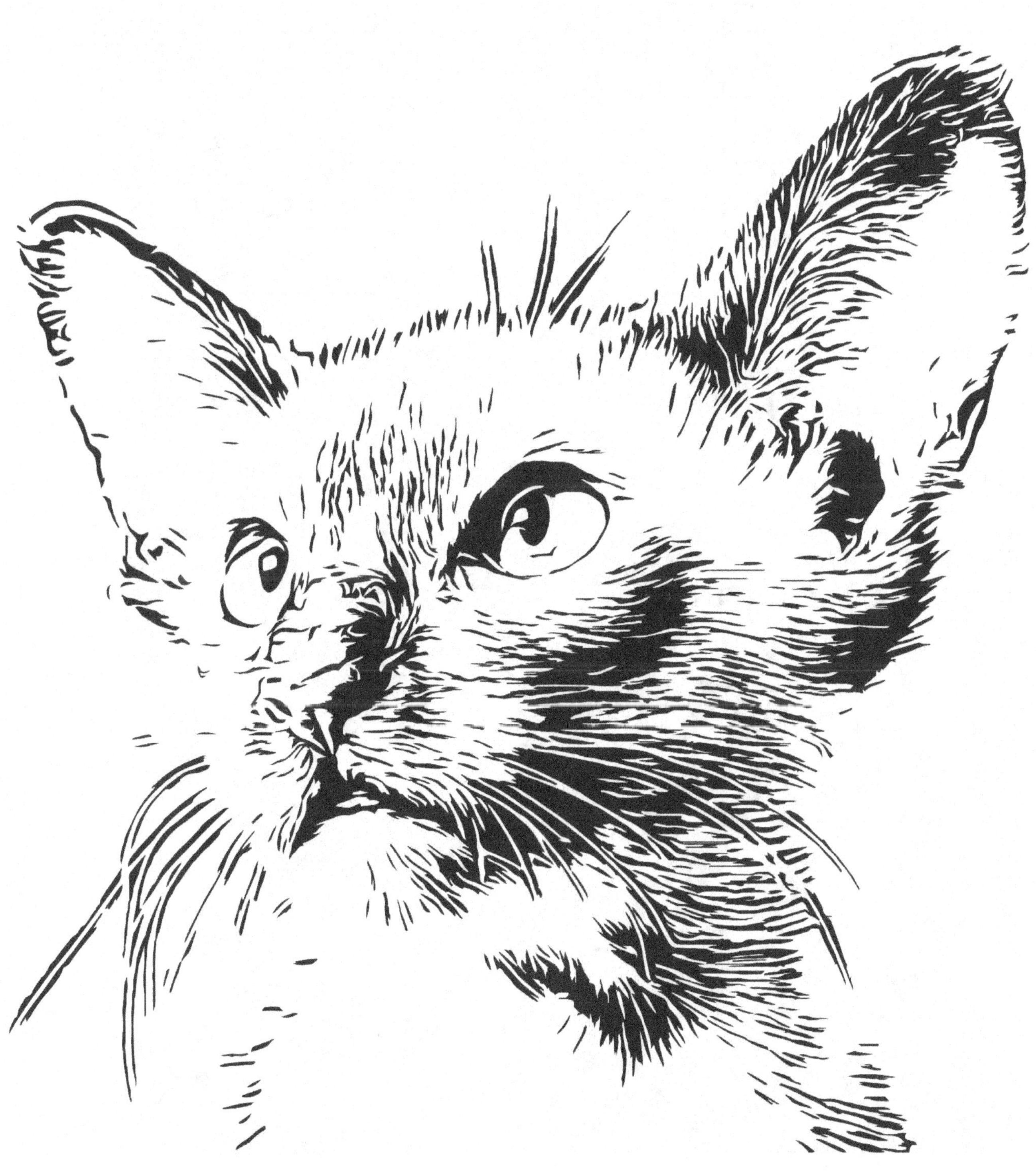

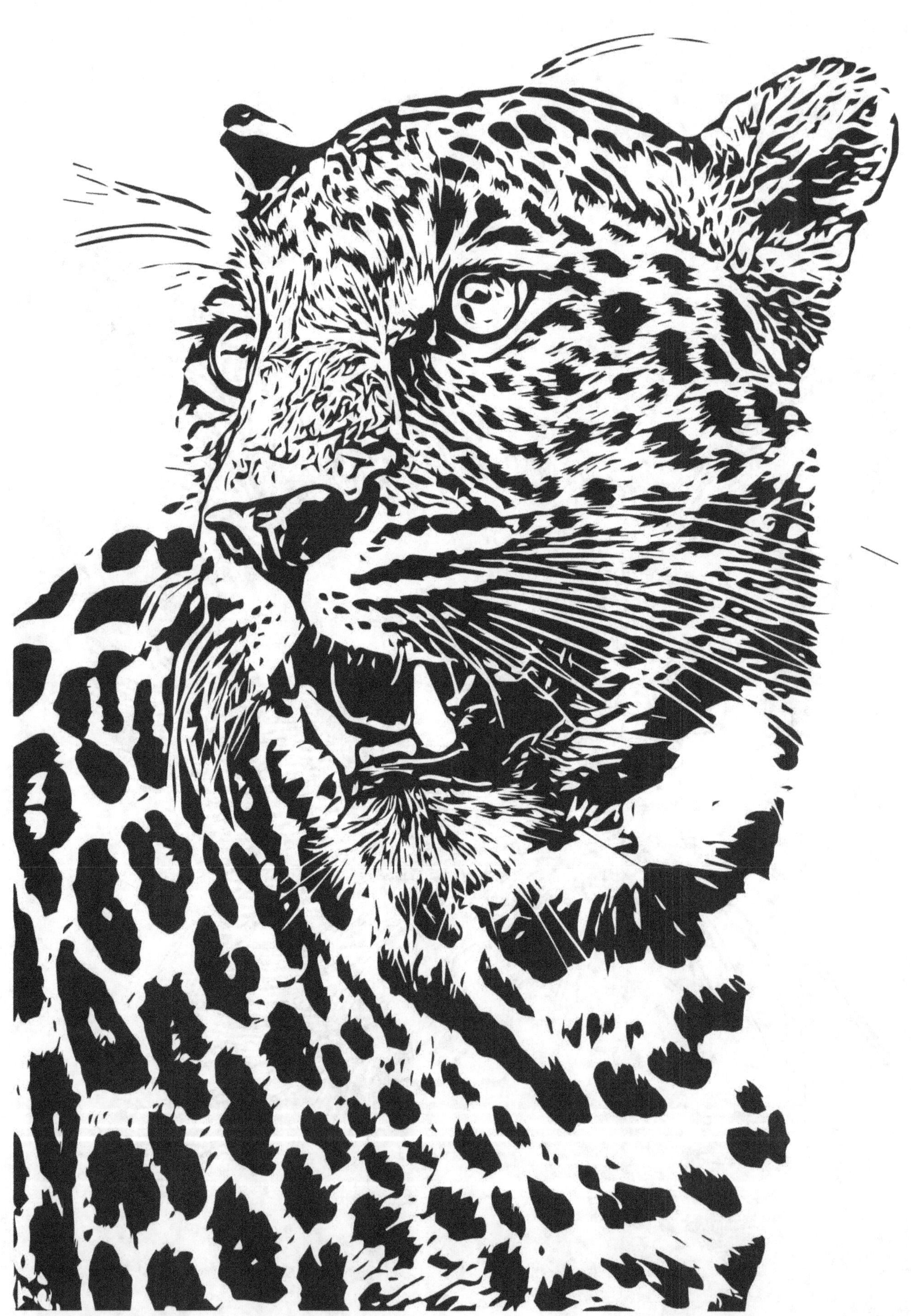

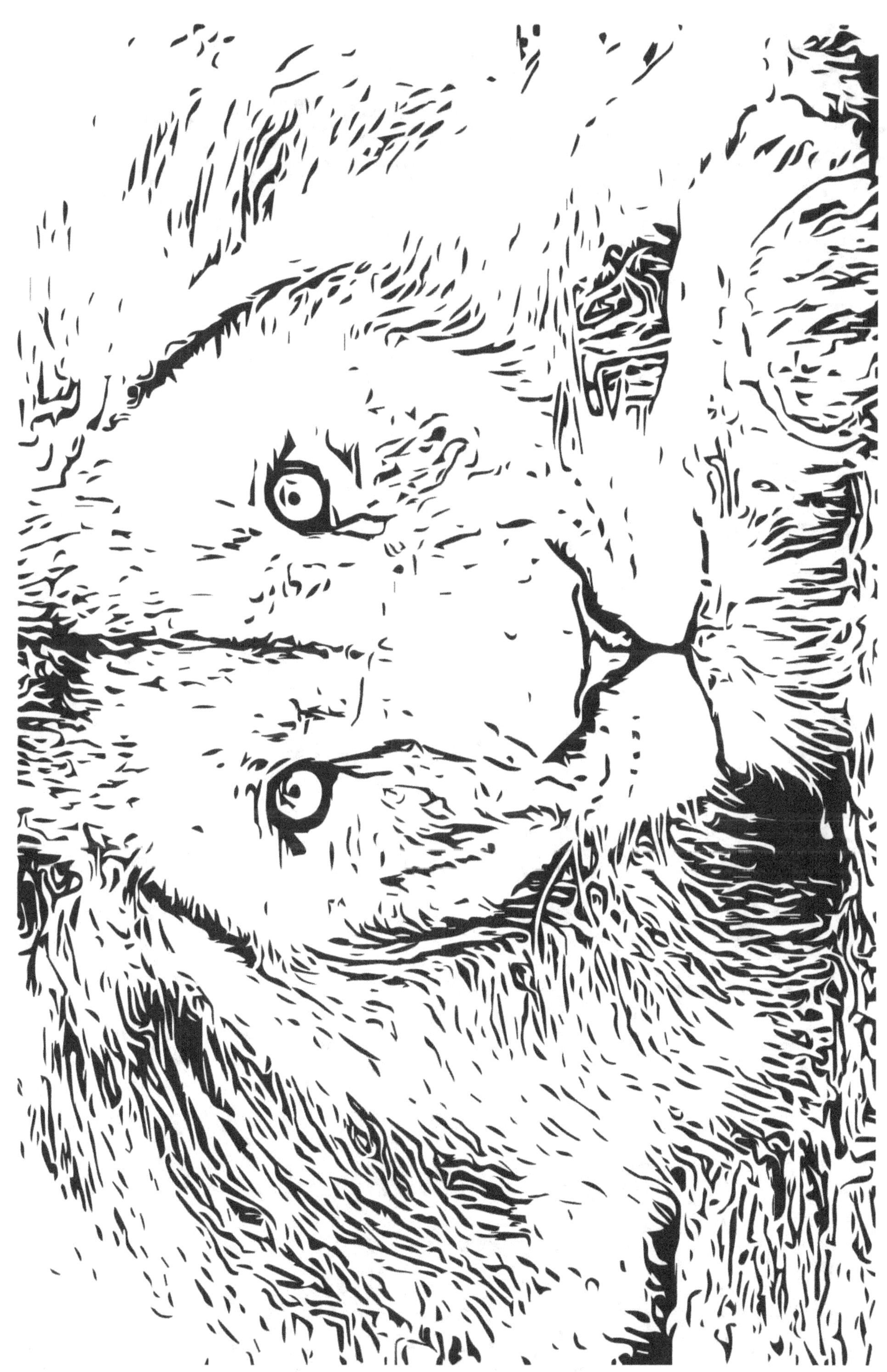

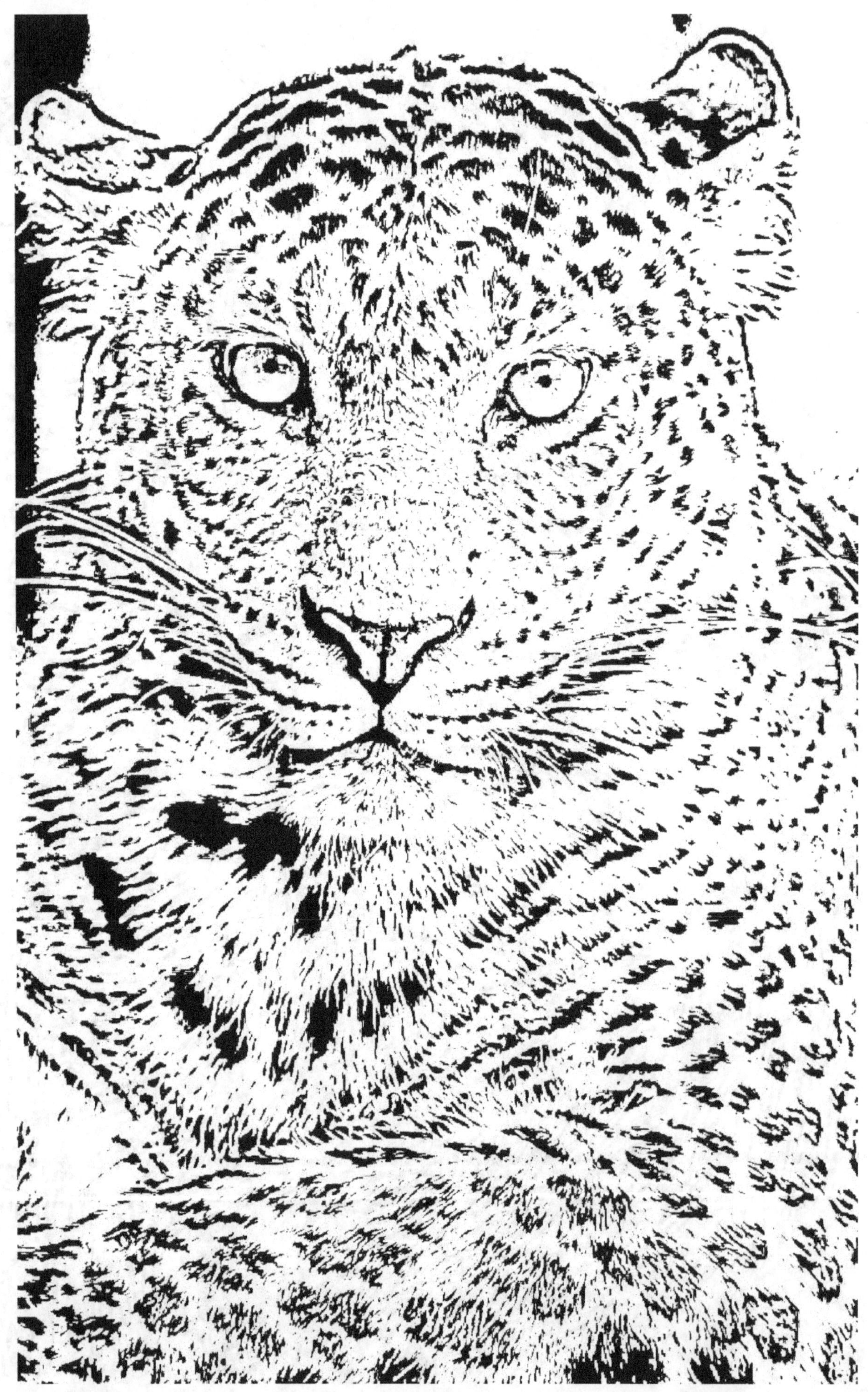

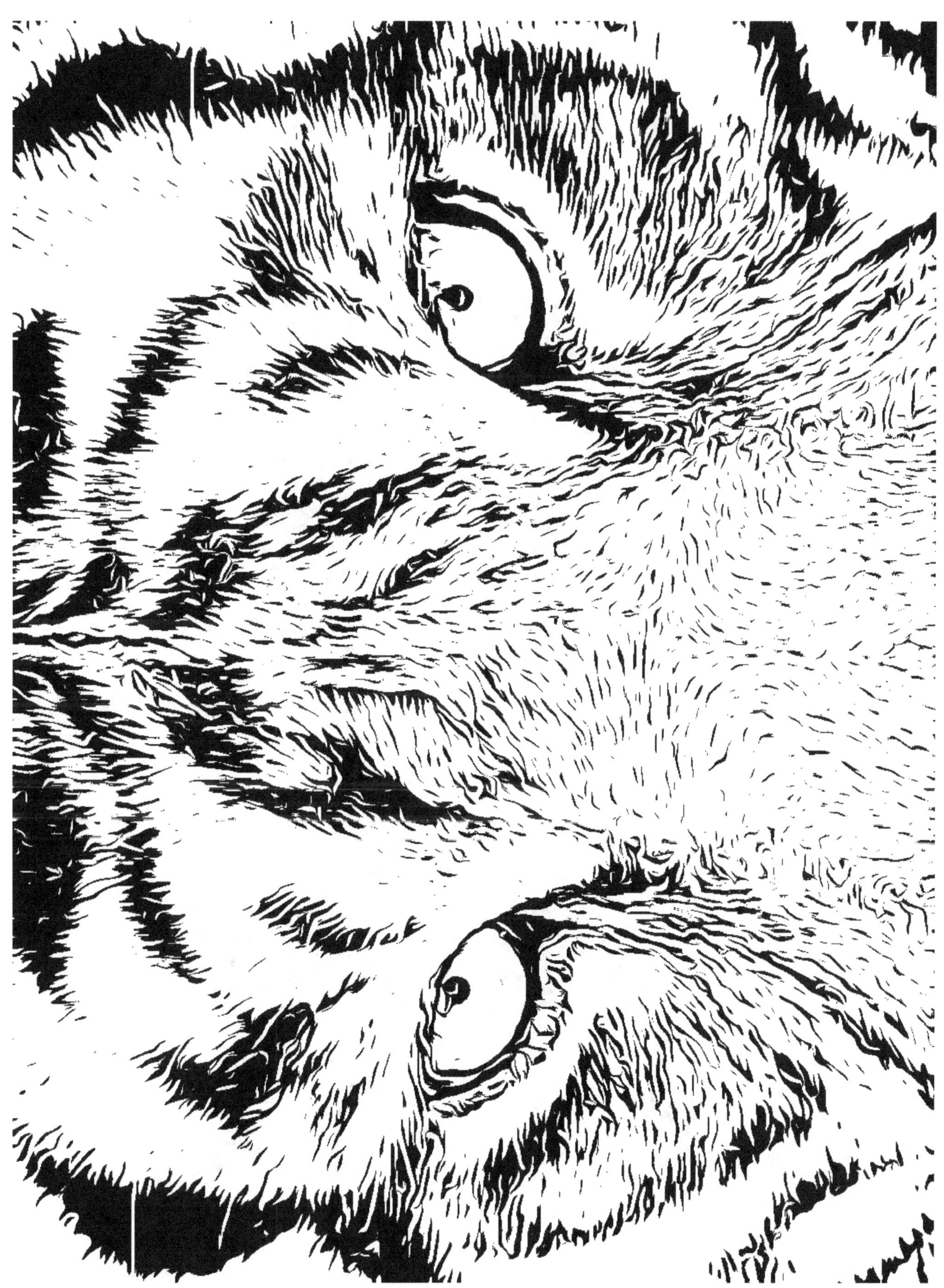

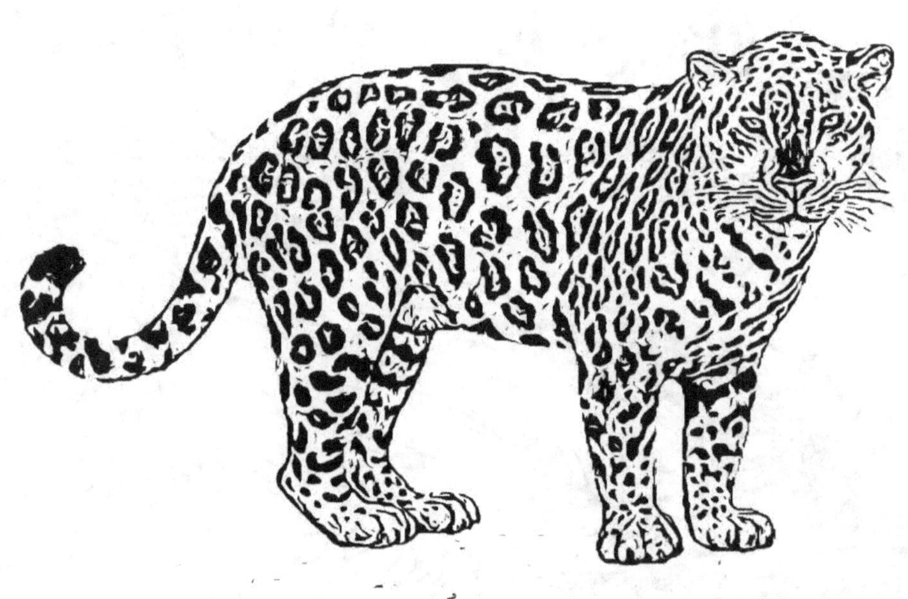

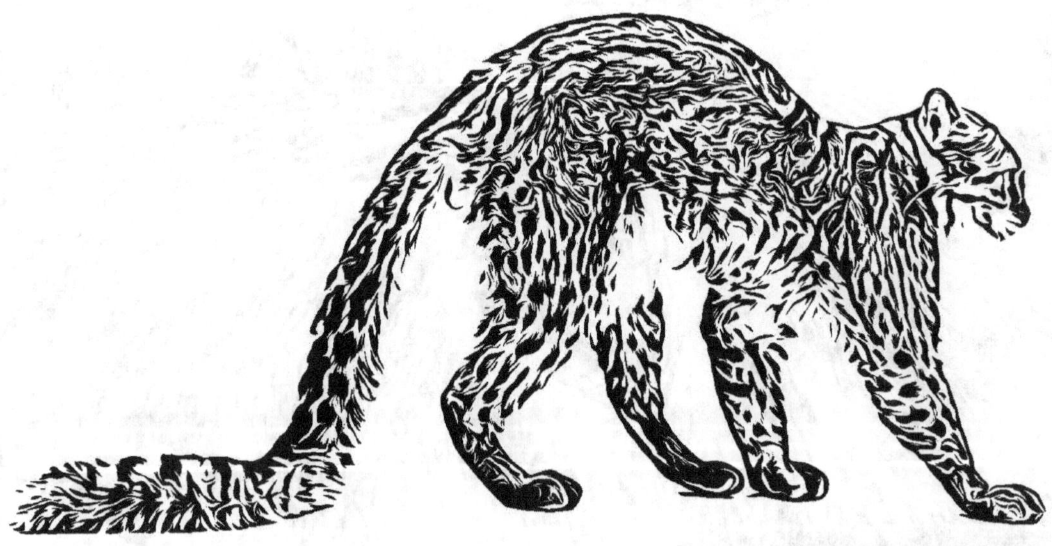

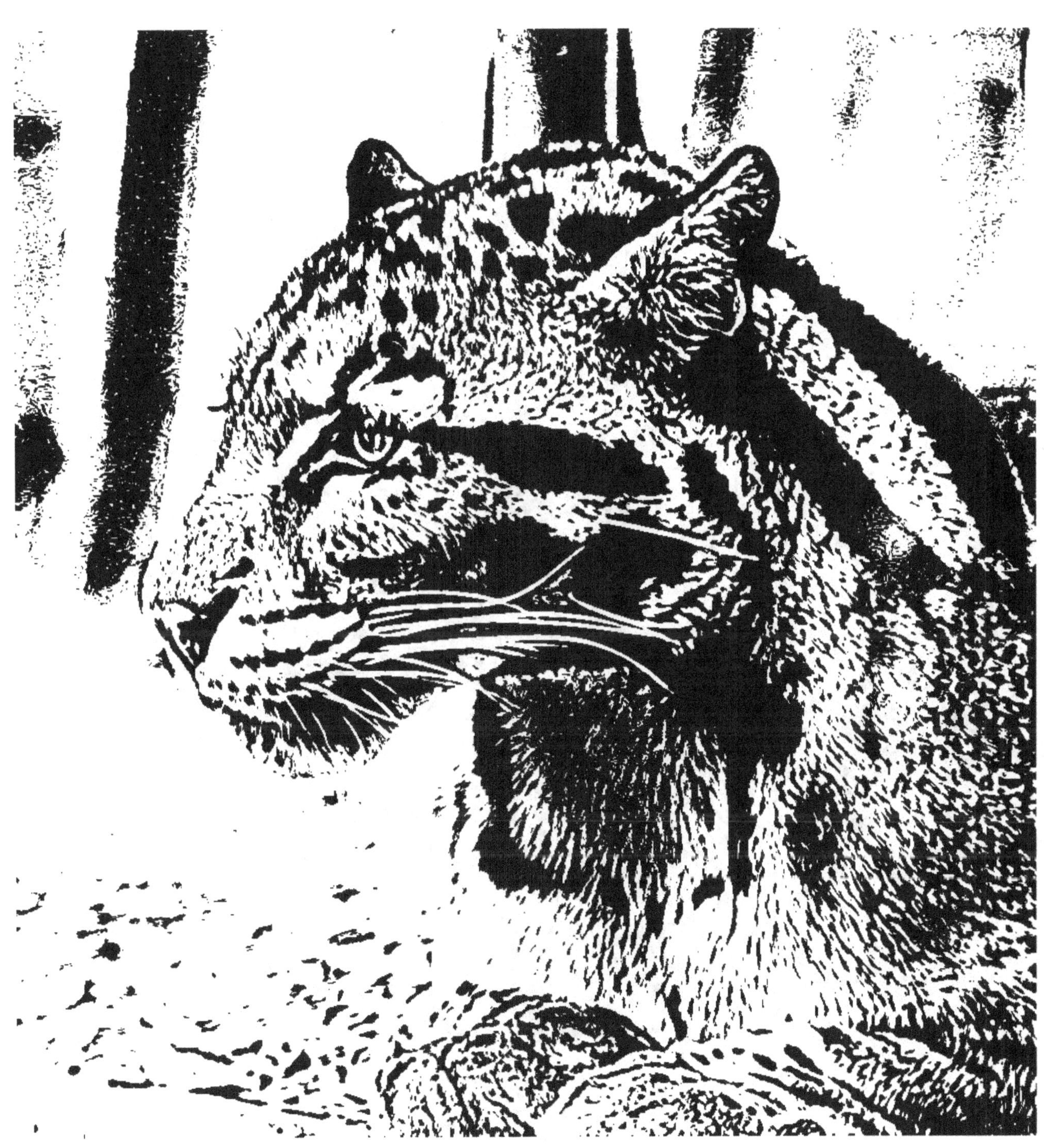

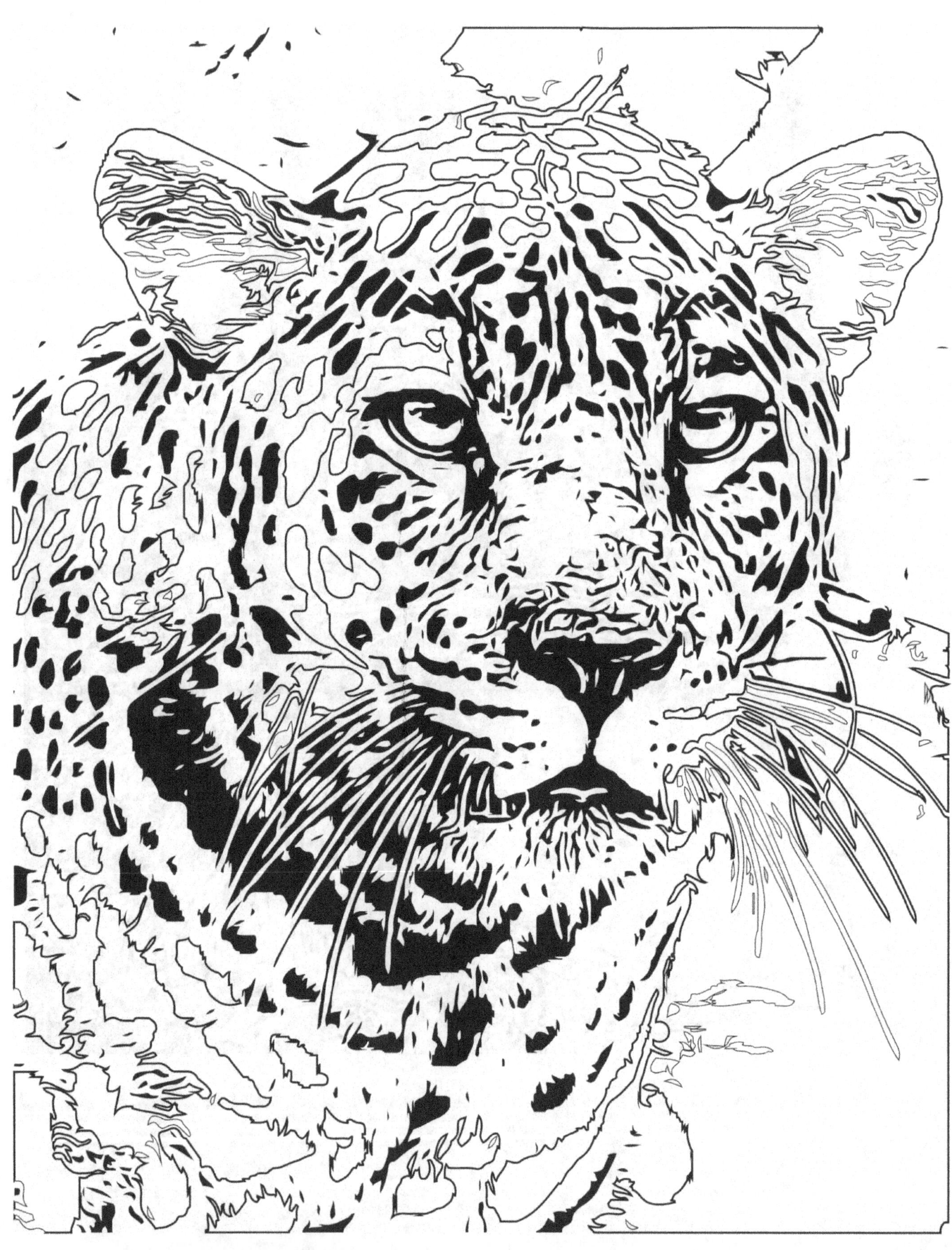

El Mundo de los

FELINOS

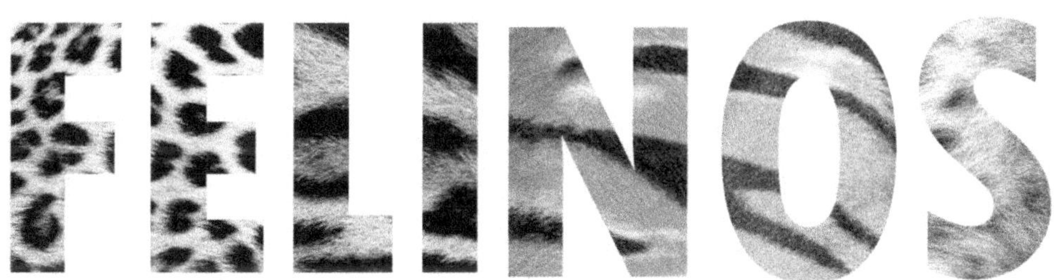

Salvador Villegas Botero